AF189201

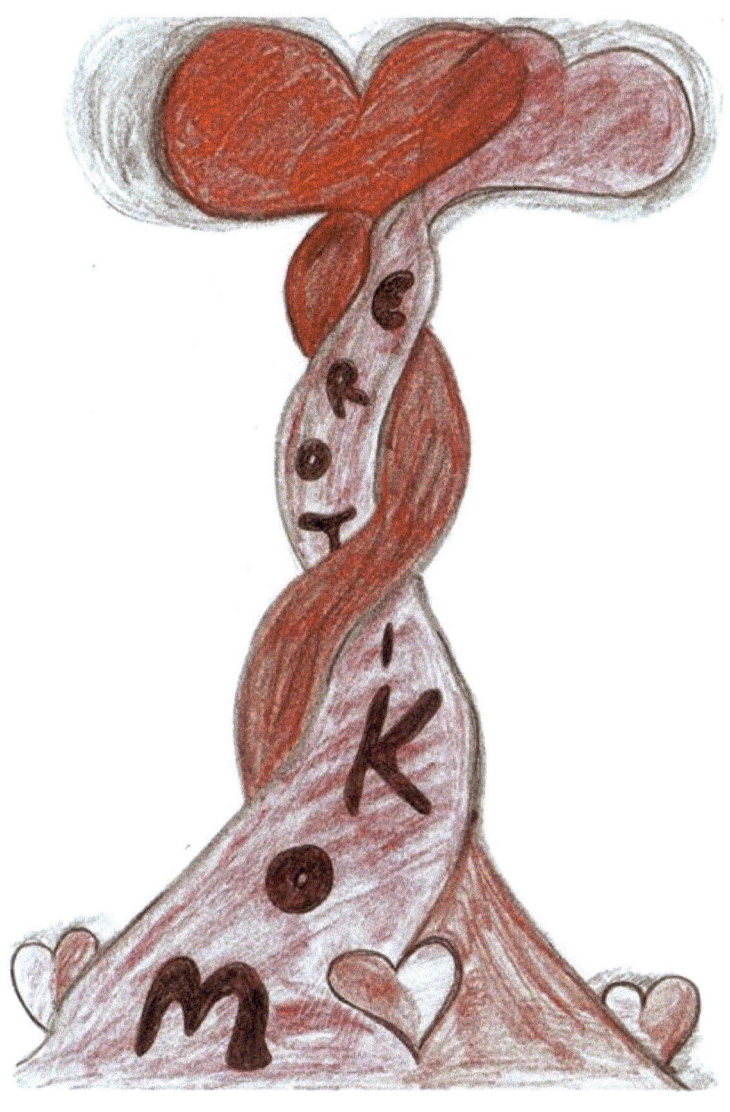

Herstellung und Verlag:
BoD - Books on Demand, Norderstedt
ISBN 978-3-7460-4858-1

Warum nicht ein bisschen (Ent-) Spannung?

Lies' und genieße ein wenig außergewöhnliche Erotik.

Spannende Entspannung sei dir gewiss.

Schönes Kribbeln wünscht dir

Sabine Gleißberg

Illustration

Sabine Gleißberg

Inhalt

Liebe

Hey, was ist denn eigentlich Liebe?
Sind`s nur unbeherrschte Triebe?
Oder den anderen besitzen?
Nein! Liebe ist beschützen.

Ist – dem anderen vertrauen
Und aufeinander bauen,
leidenschaftliches Begehren,
sich krönend sexuell berühren,
sich in dem andern fallen lassen,
verwöhnen und verwöhnen lassen,
vorbehaltlos respektie`rn
und sich einfallsreich verführ`n.
Gemeinsam auch Probleme tragen,
zuhör`n ohne Zwischenfragen.

Helfen, pflegen, tolerier`n,
Eigenheiten akzeptier`n,
selbstlos Unterstützung geben,
so nur kann die Liebe leben

Der Tanz

Sommer. Samstagabend. Die Sonne steht noch hoch.
Disco – wie jeden Samstag.
Chic machen – wie immer.
Ahnungslos – wie immer.

Aber – wer ist das? Noch nie hier gesehen.
Ihre Augen knüpfen ein unsichtbares Band. Sie steht auf der
einen, er auf der anderen Seite der Tanzfläche. Gebannt. Sie
schauen durch die Tanzenden hindurch, als wären sie gar nicht
da.

Lange. Den ganzen Abend, alles um sich herum vergessen.
Kuschelrunde, die ersten leisen Töne. Sie gehen aufeinander
zu. Ihre Beine – Pudding. Mit sanfter Stärke hält er sie. Sie
werden ein Körper, kaum erkennbar in Bewegung. Ihr Herz
droht zu kollabieren, er spürt es, zieht sie noch dichter an sich
heran. Ihre Herzen scheinen zu wetteifern. Ineinander
versunken, Augen geschlossen, es gibt nur sie. Instinkt? Ihre
heißen Lippen finden sich, ihre Zungen erkunden vorsichtig der
anderen Mund. Langsam streichen seine weichen kräftigen
Hände mit unendlich zärtlicher Leidenschaft über jeden
Zentimeter ihres Rückens. Sie fährt mit zitternden Fingern
seinen starken Nacken entlang, auf dem sich ein paar dunkle
Locken ausruhen. Sie saugen den duftenden Schweiß ihrer
Erregung in sich auf. Ihr Atem heiß, wie die kochenden Dämpfe
der Geysiere.
Beinahe erstarrt in stummer Ekstase, keine Bewegung mehr
möglich. Ihre Zungen, ihre Lippen, ihre Körper – alles eins.
Kribbeln überall, Millionen Nerven schicken ihre kleinen Blitze
hin und her.
Die letzten leisen Klänge, sie merken es nicht, sie hören nicht
auf, sie können nicht aufhören. Allein, sie würden jetzt in dem

Moment zusammenfallen. Die laute Musik hören sie nicht. Nur ihr feines Stöhnen, Unendlichkeit umhüllt sie. Das Glitzern der Discokugel scheint wie ein Feuerwerk. Sie dreht sich langsamer. Schweißgebadet, vibrierend lösen sie sich voneinander, millimeterweise bis zur letzten Fingerspitze. Wie betäubt finden sie nur mühsam ihren Platz.
Sie auf der einen, er auf der anderen Seite der Tanzfläche........

Lust

Entspannen wollte sie nach der Arbeit an diesem herrlich warmen Sommertag. Im Niemandsland, gleich hinterm Dorf in dem alten versteckten Garten, durch die wilden verwucherten Büsche kann sie niemand sehen. Sie zieht ihr langes luftiges Kleid aus und bettet ihren wunderschönen nackten Körper darauf – zwischen Gänseblümchen und Löwenzahn. Ihre dicken schwarzen Locken liegen wie ein Kissen unter ihrem Kopf, und der feine Wind streichelt zärtlich ihre braune makellose Haut. Die Sonne wacht mit einem goldenen Lächeln über ihr. Hier und da hört sie die Bienen summen.

Und ganz langsam, unbewusst beginnen ihre weichen Hände, den Körper, zu dem sie gehören, zu erkunden. Die leuchtend grünen Augen liegen verschlossen hinter den langen gebogenen Wimpern.

Scheinbar Pore für Pore tasten sie ihre mit unendlich vielen Nerven durchzogenen Fingerspitzen an ihrem Nabel auf dem flachen von winzigen Perlen benetzten Bauch entlang bis sie die straffen Formen ihrer Brüste darüber finden. Das Streicheln dieser wunderschönen Rundungen mit den vor Erregung keck in die Luft stehenden Gipfeln, lässt sie tief durch die inzwischen leicht geöffneten vollen Lippen atmen. Sie genießt es, ihr lüsternes Hauchen zu hören. Mehr, sie will nur mehr von sich. Phantasien erobern ihr Gehirn und strömen zielstrebig zwischen ihre muskulösen Schenkel. Ihre zittrigen Hände folgen und gehen auf die Suche nach den sonst so unauffälligen Erhebungen, die friedlich ihren weiblichen Eingang schützen.

Die Finger aber spüren feste, feucht glänzende, dem Zerbersten nahe Wülste, die die Beine spreizen und den süßen Duft der Begierde freigeben. Ganz sachte, als ob sie eine Seifenblase berührt, gleiten ihre Finger die überwältigenden Wülste entlang, immer wieder, und immer schwerer wird ihr

Atem, bis es zu einem inbrünstigen Seufzen. Ihr Becken hebt und senkt sich voll ekstatischer Wollust, Schweißbäche laufen die Stirn herunter, sie erreicht den kleinen Vulkan, der nur auf diese Zärtlichkeit gewartet hat. Ein paar Mal – die andere Hand tastet sich vor bis zum Eingang, aus dem der Saft der Erregung quillt. Mit tief befreiendem Stöhnen überwältigt sie das Beben, sämtliche Nerven ihres Körpers scheinen sich in ihrem Vulkan zusammenzuziehen, der sie mit einem solchen Ausbruch übermannt, dass sie keine Macht mehr über sich hat.

Ihr Körper, ihre Wülste, der Vulkan – unbeherrschbare Ekstase, der Kopf ausgeschaltet. Jedes einzelne Zucken ihrer sinnlichen Mitte genießt sie. Ihr Herz droht, sich zu überschlagen, der Puls rast. Schweißnass kommt sie nach einer gefühlten Ewigkeit der Lust ganz langsam zur Besinnung. Sie blinzelt glücklich der Sonne zu, als ihr Körper beginnt, sich zu entspannen.

Ihr Atmen wird flacher, ihr Herz kommt zur Ruhe. Jetzt kann sie sich ausruhen. Noch lange durchfahren sie kleine Nachbeben, und sie lächelt glücklich.

Fahrstuhl

Freitagnacht, die letzte Spätschicht geschafft, den Geruch von Desinfektion noch in der Nase, die Füße brennen, will sie nur noch nach Hause. Zum Glück wartet niemand auf sie in ihrer kleinen Wohnung in dem modernen Stadthaus. Sie hat die einzige Wohnung unterm Dach mit Blick auf die ganze Stadt. Sie rennt, die Fahrstuhltür will gerade schließen. Schnell den Knopf drücken – die Tür öffnet sich. Ein kleines Gewitter durchfährt unwillkürlich ihren Körper und leichte Röte ziert jetzt ihre Wangen. Da ist er wieder, der geheimnisvolle Typ, immer allein, mit dem unbeschreiblich charmanten Lächeln. Südländer, sonnengebräunte Haut, die durch die lässige Leinenkleidung stilvoll bedeckt ist. Dunkle Locken umrahmen sein Lächeln, das durch seine leuchtend blauen Augen unwiderstehlich scheint.

Sie nickt nur kurz verschämt, zu Worten nicht fähig. Ihm ging es nicht anders, jedes Mal, wenn er sie sah.

Und ihre Reaktion blieb auch ihm nicht verborgen. Die Strapazen des Tages längst vergessen, treffen sich ihre Blicke, die Bände sprechen. Der Raum ist voll erotischer Energie. Der Fahrstuhl fährt an. ‚Wenn er doch nur jetzt kaputtgehen würde!' Beinahe oben angekommen – plötzlich ein Ruck – der Fahrstuhl steht. Ihr Wunsch wurde wahr und der liebliche Duft der Lust strömt durch den frisch geputzten kleinen Raum. Der Notknopf? Keiner drückt. Stille. Angst? Nein!

Die Unitasche stellt er in die Ecke und auch ihre rutscht ihr von der zarten nackten Schulter, ihr Herz scheint ihm entgegenspringen zu wollen. Langsam setzt er sich in Bewegung.

In schamhafter Erwartung dreht sie sich leicht zum Spiegel und sieht ihn langsam auf sich zukommen. Sie schließt die Augen, ihr heißer erwartungsvoller Atem lässt den Spiegel beschlagen, als seine weichen Hände ihre langen blonden Haare zur Seite legen. Unendlich zärtlich berührt er ihre nackten Schultern während sich sein Mund sanft an ihrem Hals hinabtastet. Ihr Körper bebt, sie dreht sich zu ihm, ihrer beider Augen verlangen nach mehr. Sie steht ohne zu schauen und genießt und lässt geschehen. Die Träger ihres leichten Sommerkleides, das ihren makellosen Körper umhüllt, gleiten über ihre Schultern. Zentimeterweise, mit unerträglicher Spannung, öffnet er ihr den Reißverschluss am Rücken, sie indessen befreit Knopf für Knopf seinen muskulösen Oberkörper. Fasziniert von dem nackten Gegenüber finden sich ihre Hände. Ihre Lippen treffen sich, das Spiel der Zungen treibt sie fast in den Wahnsinn. Ihre wunderschönen Brüste strecken sich ihm verlangend entgegen.

Seine Hände verstehen, streicheln kaum berührend diese jugendlichen Rundungen, seine Zunge umkreist deren erregt zusammengezogenen Gipfel. Ihr Brustkorb hebt und senkt sich schwer, ihre Hände erkunden jeden seiner Muskeln bis – sie öffnet seine Hose, die zum Platzen gespannt ist und jetzt seine Männlichkeit preisgibt. Sie befreien sich von ihren letzten Hüllen, drücken ihre Körper aneinander. Sein Bein findet den Weg zwischen ihre Schenkel, die willig ihre feuchte Erregung freigeben. Heftig atmend nimmt er ihr Bein und – endlich – laut stöhnend genießen sie ihre Leidenschaft. Er hebt sie mit einer Leichtigkeit auf seinen Schoß – sie sind eins.

Die Luft im Raum wird enger, gefüllt jetzt mit dem Duft erotischer Begierde. Beinahe besinnungslos gleiten ihre schweißnassen Körper rhythmisch aneinander bis sie wellenartig den Zenit der Ekstase erreichen. Explosionsartig entladen sie sich. Nach einer scheinbaren Ewigkeit lösen sie sich voneinander, küssen und streicheln sich – wortlos.

Sie lassen ihre Augen sprechen, deren Glanz vielmehr als Worte je sagen könnten, ausdrücken. Sie sehen die

Leidenschaft und die gierige Lust aufeinander. Langsam und zittrig ziehen sie sich wieder an, richten ihre Haare.
Er geht zurück zu seiner Tasche und drückt einen Knopf am Fahrstuhl. Der ruckt an und – fährt.

Schelmisch entschuldigend lächelt er ihr mit einem Augenaufschlag zu. Sie begreift und nickt ihm verschämt schmunzelnd entgegen. Ja, sie wollten es beide. Und sie würden es wieder tun. Geheimnisvolles Verlangen schwebt durch den Raum. Und, wer weiß, vielleicht bleibt der Fahrstuhl irgendwann wieder stecken!

Ohne Worte.

Julimond

Der Tag war heiß
Die Nacht folgt lau
Ich kann nicht schlafen
und stehe auf
Ich geh`auf den Hof
Wo die Holzbank steht
Und kauer mich drauf
Genieß die Brise, die geht
Unendliche Ruhe
Friedliche Nacht
In der Ferne der Vollmond
Der die Erde bewacht
Die Krater erscheinen in weißem Licht
Als hätte die Kugel ein rundes Gesicht
Als schwarze Weite mit Sternen durchsetzt
Erscheint das Weltall mit Schleiern umnetzt.
Dünne Wolken streicheln ganz zart
Dem Mondgesicht um seinen Bart
Die Zweige wiegen sich – hinten am Baum
Vom sanften Fön, ich spür ihn kaum
Und um den Schornstein auf unserm Haus
Flattert der Umriss der Fledermaus
Und da! Es gesellt sich noch eine dazu-
Ein Pärchen, das sich verliebt hat im Nu.
Vom Haus kommen Schritte und flackerndes Licht
Mein Mann wollte schlafen – geht ohne mich nicht.
Verschmitztes Gesicht im Kerzenschein
In der Hand eine Flasche vom staubigen Wein
Mit Kuscheldecke und zwei Gläsern dabei
Versteh`n ohne Worte, als wenn`s normal sei

Wir rücken zusammen ganz eng Haut an Haut
Unsere Herzen im Gleichschritt wir hören es laut
Wir seh`n uns stumm an mit glücklichem Blick
Schweigt einer dem andern „ich lieb dich" zurück
So müsste es bleiben – für immer so sein
Und Arm in Arm schlafen wir seelig ein.

Schicksal?

Fertig. Nochmal kontrollieren. Ist heute ganz besonders wichtig. Es soll nämlich DER Abend werden.

Seit sie mit ihrem alten Studentenauto direkt vor seinem Hof liegengeblieben ist. Sie war auf dem Weg zur Uni – noch eine lange Fahrt. Aber – gibt es sowas wie Schicksal? In dem Fall hieß das Schicksal „Motor-schaden". Das dauert. Perfekt für ihn, wo er doch so gar keine Gelegenheit hat, jemanden kennen-zulernen, hier, weitab vom Schuss. Nicht, dass er nicht ansehnlich wäre, aber er ist nicht der Typ Mann, der überall auf der Jagd nach weiblichen Trophäen ist. Nein, ihm ist die Ernsthaftigkeit einer Beziehung ganz wichtig. Doch so ein passendes Gegenstück zu ihm hatte er bisher noch nicht getroffen.

Bei ihr war es auf Anhieb anders.

Nachdem sich der erste Ärger der Panne gelegt hatte, sie endlich keine Schimpfwörter mehr für ihr Auto fand, beruhigte sie sich langsam. Er fand das sehr amüsant und ließ sie sich austoben. Sie bemerkte auch seine heimlichen Blicke nicht. ‚was sich wohl in dieser hautengen Jeans verbirgt, wenn sich schon ihre süßen verlockenden Rundungen ihrer straffen Brüste unter dem lockeren T-Shirt abzeichnen? BH? Nein, braucht sie nicht!' Er konnte sich kaum konzentrieren und nur mühsam seine Erregung unterdrücken. Oh ja, das letzte Mal war schon verdammt lange her. Inzwischen redeten sie über alles Mögliche, sie nahm ihn nun auch als Mann wahr und sie merkten, dass sich irgendetwas veränderte.

Leises Knistern lag in der Luft.

Es wurde bereits dunkel, die Werkstatt hatte längst das Auto abgeholt, doch sie genossen den lauen Abend mit der untergehenden Sonne. Irgendwann wurden sie doch müde, und ihr fiel ein, dass sie noch gar nicht über die Übernachtung nachgedacht hatte. Er schon. Schließlich war er ganz allein auf dem Hof und das Haus hatte viele Zimmer, ungenutzt. Er packte die Gelegenheit beim Schopfe und bot ihr an, bei sich zu schlafen. Natürlich in einem Gästezimmer. Sie hatte keine Angst und freute sich darauf. Also gingen sie hinein. Es war ein altes Bauernhaus, chic saniert, auf einem genauso schönen Hof außerhalb des Dorfes. Er hatte, so gut es ging, alles wie vor 100 Jahren hergerichtet. Das Zimmer, das er ihr zeigte, sah aus, als ob gleich die uralte Großmutter aus den dicken Kissen auf dem noch schwereren Holzbett herauskrabbeln würde. Daneben ein riesiger hand-bemalter Holzkleiderschrank und passend dazu die Brauttruhe und die Kommode.

Überall lagen kleine weiße Spitzendeckchen.

Sowas einmalig Schönes hatte sie noch nie gesehen und war das erste Mal sprachlos. Sogar die blendend weiße Leinenbettwäsche hatte Rüschen an den Kanten. Mit geöffnetem Mund sah sie sich um, und der Mann, der ihre Faszination schmunzelnd beobachtete, erschien ihr noch interessanter. Mit leuchtenden Augen verabschiedeten sie sich zur Nacht. Die alten Dielen knarrten bei jedem Schritt. Nun lagen sie in ihren Betten und dachten aneinander. Konnte das sein? Konnten sie sich verliebt haben?

Er beschloss, sich für sie Zeit zu nehmen, solange wie sie da war. Als Freiberufler kein Problem.

Er zeigte ihr die Umgebung und sie fühlte sich, als hätte sie noch nie woanders gelebt. Vertrautheit und das Leuchten ihrer Augen nahmen jeden Tag zu. Besonders gestern, als sie zwischen den Feldern spazieren gingen und sich gegenseitig in den riesigen Maispflanzen suchten. Atemlos und glücklich fielen sie sich in die Arme und endlich! der erste Kuss – auf die Wange. Verschämt nahmen sie sich auf dem Heimweg bei der Hand. ‚Wie weich seine Hände sind!'

Da war wieder dieses Gefühl im Bauch, wie in der Kammer, am ersten Abend, nur noch heftiger. Sie wusste, was das bedeutet und heimliche Spannung umgab sie. Am Abend noch ein Gute-Nacht-Kuss, auf die Wange, an der Kammertür. Doch ihre Blicke sprachen Bände…..

Am nächsten Tag, also heute, kam der von beiden gefürchtete Anruf. Auto ist fertig. Sie haben gar nicht mehr daran gedacht. Schade. Denn er sah es, das Verlangen in ihren Augen. Konnte nicht stärker sein als seins. Sie wussten beide, es würde passieren. Der letzte Abend sollte besonders werden. Er hatte deshalb ein wunderschönes Picknick im Garten zwischen wilden Blumen und uralten Obstbäumen vorbereitet, denn von vornehm ausgehen hielten sie beide nichts. Sie verabredeten sich und jeder machte sich für den anderen schön. So stand er nun vor dem großen Spiegel und begutachtete sich. Fertig, frisch geduscht, ein Hauch von Sandelholz umgab ihn, fingen seine Gedanken an zu spielen. So, wie er dastand, braungebrannt und knackig, übernahmen bei den letzten Handgriffen die Gefühle die Macht über seinen Körper.

Sein Kopf war bei ihren mit schlanker Anmut verlockenden Rundungen und den
funkelnden Augen. Er fantasiert.
Erregung und dieses unbeherrschbare Kribbeln überkommen ihn sichtlich. ‚Nein, nicht jetzt!' Schmerzhaft entspannt er sich wieder. Er will sich aufheben – für sie, für heute Abend.
Er muss sich beeilen. Sie wartet sicher schon, denn er wollte sie doch aus der Kammer abholen. Aufgeregt geht er die knarrenden Dielen entlang. Natürlich hat sie Schritte gehört und erwartet ihn in der geöffneten Tür.
Die Sonne, die das Zimmer verzaubert, lässt sie in einem unwirklichen Licht erscheinen. Berauscht von diesem traumhaften Anblick geht er mit weichen Beinen auf sie zu. Wunderschön, in einem langen alten Kleid, das sie in der Brauttruhe fand, stand sie vor ihm.

Sie hatten sich beide Mühe gegeben, denn sie wissen ES beide. Völlig verstummt hauchte er ihr einen Kuss auf die sonnengebräunte Stirn, vom locker hochgestecktem Haar umspielt. Hand in Hand entführte er sie in seinen paradiesischen Garten, wo das Picknick auf sie wartete. Gespannt genießen sie die süßen Früchte und den roten Wein, der sie etwas lockert und mutig macht. Sie lassen sich nicht aus den Augen und spüren das heiße Begehren. Er hatte die größte Decke für sie beide ausgebreitet und die Sonne bringt die so wohlige Abendwärme. Sie rücken immer näher und seine Hand findet ihre. Ihre Hände beginnen zu sprechen und sie hören sie sagen: ‚ich will dich, ich will dich jetzt!'

Eine heiße Welle durchdringt sie. Sie kann nicht mehr warten und streicht ihm über die Wange und fährt mit den Fingern in sein dichtes Haar. Beider Lust wölbt sich unter der Kleidung. Er öffnet ihr Haar, dass sich wie ein schützender Umhang um ihre nackten Schultern legt. Er greift langsam hinein und zieht sanft ihren Kopf zu sich heran. Sie schließen die Augen und lassen es zu. Ja, ihre heißen Lippen wollen mehr. Sie wollen sich ganz. Die Spannung ist unerträglich. Endlich, ohne Worte befreit er ihren Körper von dem weißen Spitzenkleid während sie die Knöpfe seines Hemdes öffnet. Unendlich zärtliche Küsse haucht er ihr den Nacken entlang. Ihr Atem stockt. Die letzten Hüllen fallen. Die beiden Körper finden sich. In höchster Erregung mit sanfter Begierde werden sie eins. Mit weich fließenden rhythmischen Bewegungen - im Einklang, schwer atmend und mit nicht mehr zu bändigendem Herzschlag erreichen sie schweißgebadet den Gipfel der Ekstase. Tränen des Glücks laufen ihr über die trockenen Lippen, als er sich vorsichtig von ihr löst. Er will jeden Zentimeter an ihr kennenlernen, und vibrierend und streichelnd kommen sie zur Besinnung.

Ein ‚ich will dich für immer' rutscht ihm aus dem Mund und erstaunt ihn selbst. ‚Hab' ich das gesagt?' „Ja, ja ich will dich!"

jetzt sicher. Sie umarmt ihn und flüstert ihm ,ich will dich auch für immer und ewig' ins Ohr. Und während sie ihr Picknick genießen wird ihnen klar, sie sind ab jetzt unzertrennlich, egal, was passiert.

Plätzchenbacken

Sie ist schon früh aufgestanden heute, schließlich ist bald Weihnachten und immer noch kein Plätzchen gebacken. Das sollte sich heute ändern, denn das ist der erste Punkt auf ihrer Im-Urlaub-Erledigungsliste.

Frisch geduscht und hochmotiviert schlürft sie noch schnell einen Schluck Kaffee. Die Kinder sind in der Schule und ihr Mann schläft noch, hatte ja Spätschicht und ist eigentlich sowieso ein ausgesprochener Langschläfer. Also vorläufig keine Störung. Schürze an, Haare hoch, Rezepte her und Förmchen suchen.

Oh weia, das klappert! ‚Hoffentlich hat er`s nicht gehört!'

Kaum zu Ende gedacht, knarrt auch schon die alte Holztreppe. ‚Mist, zu früh gefreut! Aber vielleicht geht er ja gleich wieder ins Bett.'

Sie tut so, als hätte sie nichts gemerkt und knetet mit beiden Händen ihren Teig weiter.

Plötzlich zuckt sie zusammen. Geräuschlos ist er hinter sie geschlichen. Sie kann sich nicht umdrehen, der Teig, die Hände. ‚Was passiert hier?' Nur ein kurzes „guten Morgen" wünscht sie ihm, aber noch viel mehr, dass er wieder geht. Sie hat doch noch so viel vor!

Ohne ein Wort begann er, ihren von der wilden Lockenmähne befreiten Hals zu küssen.

‚Hoppla!' Sie vergaß ihre Pläne, denn der heiße Atem auf ihrer Haut war verheißungsvoll. Nebenbei öffnete er die Schleife ihrer Schürze, drehte sie langsam zu sich um und nahm ihre Hände. Sie wagte sich nicht, auch nur ein Wort über ihre teigigen Hände zu verlieren, denn sie genoss diesen Augenblick und hätte ihn sonst zerstört. ‚So viel Erotik am frühen Morgen sieht ihm gar nicht ähnlich.' Sprachlos versuchte sie, sich an die letzte vergleichbare Situation zu erinnern. Vergeblich. Zu lang ist's her. Früher, als die Kinder noch nicht da waren – ja – meine Güte, was haben wir da alles ausprobiert!

Erinnerungen schossen ihr durch den Kopf und neugierig erregt schwieg sie mit und ließ geschehen.

Er leckte ihr mit Zunge und Lippen spielend genussvoll einen Finger nach dem anderen sauber, beinahe zärtlich streichelnd.

Wie gelähmt schloss sie die Augen und erwartete die nächsten Momente voller Spannung.

Knisternde Erotik erfüllte den Raum.

Behutsam befreite er ihren Oberkörper von Schürze und Shirt, mehr hatte sie nicht an zu Hause, hatte es bei der Figur auch nicht nötig.

Sie traute sich nicht, die Augen zu öffnen, hatte Angst, nur zu träumen. Ihr intensives Atmen war inzwischen deutlich zu hören.

Zärtlich tasteten sich seine großen weichen Hände an ihrem wunderschönen Körper hinunter, berührten dabei kaum spürbar ihre wohlgeformten Brüste, bis er kniete und an ihren vor Erregung zusammen-gezogenen Warzen saugen und spielen konnte. Sie konnte sich kaum noch beherrschen, doch er hielt ihre Hände und liebkoste inzwischen ihre Lenden, die beschützend ihre empfangend feuchte Liebesgruft umgaben. Ihre Hose war längst auf den Boden gerutscht und gab den süßen Duft des Verlangens frei. Sie war mehr als bereit, als er endlich das weiche Stuhlkissen auf den großen Holztisch legte und sie mit geschmeidiger Leichtigkeit darauf hob.

Sichtlich erregt konnte er sich dennoch zurückhalten und küsste sie – noch immer die Augen geschlossen – leidenschaftlich. Die Münder erkundeten sich gegenseitig, mal mit den Zungen, mal mit den Lippen, mal heftig, dann wieder unglaublich sachte.

Längst hatte sich ihr Haar gelöst und umrahmte keck ihr hübsches Gesicht.

Endlich legte er sie ganz langsam und vorsichtig auf den Rücken, nahm ihre Beine auf die Schultern und jetzt, millimeterweise vereinigten sie sich mit willigem Stöhnen. Genauso sachte zurück, versetzte er sie in kaum noch beherrschbare Ekstase. Sie krallte sich am Tisch fest, er wurde schneller, fester und heftiger sein Atmen bis sie gleichzeitig unüberhörbar stöhnend zum Finale kamen.

Verschwitzt und glücklich erlebten sie wellenweise vibrierend die Entspannung des anderen, lächelten sich erfüllt mit leuchtenden Augen an, wie frisch verliebte Teenies, die heimlich ihre ersten Erfahrungen machen.

Sie hielten sich in den Armen und fühlten sich zurückversetzt, um Jahre verjüngt schwelgten sie stumm in gemeinsamen Erinnerungen.

Als er irgendwann seine Sprache wiedergefunden hatte, begrüßte er sie endlich mit einem verschmitzten „Guten Morgen, gut geschlafen?" Sie mussten lachen.

Sie dachte nur – ‚jetzt werde ich öfter Plätzchen backen' und gab ihm einen dicken Kuss.

Dreißigjähriges, und er ist aufgeregt wie nie zuvor. Dieses Mal würde er sie wiedersehen. Endlich. Bei den letzten Treffen hatten sie sich immer wieder verfehlt, weil bei einem von beiden irgendwas dazwischengekommen ist.

Es gab auch keinen Grund für sonstigen Kontakt, und außerdem lagen über fünfhundert Kilometer Luftlinie zwischen ihren Wohnorten.

Aber aus dem Kopf bekam er sie all die Jahre nicht.

Er wohnte immer noch in seinem Elternhaus, und ihre beste Freundin von damals, die auch nie aus dem Dorf weggezogen ist, telefoniert auch heute noch regelmäßig mit ihr. Das wusste er und holte sich bei Gelegenheit unauffällig, wie er meinte, immer wieder Informationen über sein „Traummädchen".

Jemanden heiraten kam ihm gar nicht in den Sinn, schließlich konnte IHR keine das Wasser reichen. Auch, wenn er es ein paar Male versucht hatte, Beziehungen aufzubauen, es war nicht das, wie er es sich mit ihr ausmalte, und blieb letztendlich mit seinen Träumen und Hoffnungen allein.

Damals, in der Schule, er war sehr schüchtern, aber eben über beide Ohren in sie verliebt, traute er sich einfach nicht, sie anzusprechen.

Sie hatte so viel energisches Temperament, dass er befürchtete, ausgelacht zu werden.

Obwohl sie eigentlich nicht der Typ für sowas war, im Gegenteil setzte sie sich für Minderheiten ein und nahm sie in Schutz, was ihm sehr imponierte. Trotzdem hatte er nicht die Courage, und so verstrich die Zeit und seine Chance. Er verlor sie aus den Augen, denn sie musste weit weg, um ihr Wunschstudium zu absolvieren. Dort lernte sie auch ihren Mann kennen, mit dem sie sich als Manager einer Maschinenbaufirma in verschiedenen Entwicklungsländern engagierte. Unterdessen verpassten sie den richtigen Zeitpunkt für Kinder, was letztendlich der Hauptgrund für ihre spätere Scheidung war.

Auch das erfuhr er durch die Unterhaltungen mit der Freundin und war gar nicht traurig darüber, im Gegenteil, denn es war nun wieder alles offen. Daher beschloss er, zum Klassentreffen, zu dem sie sich auch angekündigt hatte, endlich den ersten Schritt auf sie zu zu wagen. Zwar mit dreißigjähriger Verspätung, aber besser als nie. Sogar das Haus würde er wegen ihr verkaufen, nur um mit ihr zusammen sein zu können.

‚Diesmal entkommt sie mir nicht!'

Er stand schon seit Stunden vor dem Spiegel, motivierte und schimpfte mit sich.

‚Mensch, du Pfeife, sonst hast du mit lauter halbwüchsigen Schülern zu kämpfen, und jetzt – schon wieder bammel!? Nein, heute gilt's!'

Er war Sportlehrer und entsprechend durchtrainiert war sein Körper. Die Schläfen wurden zwar langsam grau, aber angeblich stehen ja Frauen darauf. Also top für Mitte vierzig. Natürlich entging ihm seine Wirkung auf Frauen nicht. Aber sein Wesen und Anstand hielten ihn auf dem Boden. Außerdem gab es sowieso nur die EINE. Und laut Freundin ist diese eine schicke schlanke Frau mit Reizen eines jungen Mädchens und nach wie vor oder erstrecht starkem Selbstbewusstsein geworden.

‚Gut. Ich nehme die Herausforderung an!' – erklärte er seinem Spiegelbild. Er stand nämlich
immer noch davor und zog klamottentechnisch alle Register. Seine schöne braune Haut, die dunklen welligen Haare und die stechend blauen Augen sollten doch zur Geltung kommen. Nachdem er also den hellgrauen steifen Anzug und die auf Hochglanz polierten Businessschuhe schnell wieder verschwinden ließ, das Trecking-Outfit gleich hinterher, entschied er sich. Seine ‚Wohlfühlhülle' bestand aus einem

hellen kurzärmlichen Leinen- Sporthemd einer hellblauen Jeans, sportlichen Tretern und einem dünnen hellblauen Baumwoll-sakko.

‚Genau, du bist unwiderstehlich! So kann sie mich doch gar nicht übersehen! Und wer weiß, zu was für Gestalten die anderen inzwischen mutiert sind. Ob wir uns überhaupt wiedererkennen?'

Manchmal, damals in der Schule, hat sie ihm sogar zugelächelt. Hat sie womöglich auf ein Zeichen von ihm gewartet? ‚Ich Trottel! Sollte mir das wirklich entgangen sein? Und damit so viele schöne Jahre!? Andererseits waren wir noch sehr jung und unerfahren. Vielleicht hätten wir uns noch gar nicht aufeinander einlassen können? Wer weiß. Heute, ja heute bin ich schlauer, fühle mich reif und stark genug und bin bereit!' – schaut wieder in den Spiegel und – ein Häufchen Angst, gepaart mit Ungewissheit und gewürzt mit Neugier blinzelte ihm entgegen und schien zu sagen: „Hey, so wird das nichts! Brust raus, Schultern zurück, Kopf hoch und für'n Beruhigungstee ist auch noch Zeit!'

‚Stimmt, ‚ne halbe Stunde hab' ich noch. Aber Beruhigungstee – igit! Dann doch lieber noch ‚n „Türkischen"!' Und der tat gut, sooo gut!

So, es ist soweit. Tief durchatmen und noch ‚ne winzig kleine Wolke von dem verführerisch duftenden Bio-Deo. Nein, nicht Kuhstall – eher isländische Geysirlandschaft. Also wie ‚ne wohltuend wärmende Oase mitten in einem kargen Felsenplateau, umgeben von jungen Pinien, die wie ein Schutzwall gegen die übrige Welt wirken.

Oje, da geht die Phantasie mit ihm durch. Wahrscheinlich hat ihn gerade die die vielen Jahre hoffen lassen, denn davon hat er jede Menge. Er hat sich so oft vorgestellt, wie es in diesen und jenen Situationen mit ihr wohl wäre.

Jetzt aber genug gesponnen! Auf zum „Waldhaus".

Dort ist Treffpunkt. Das „Waldhaus" ist ein wunderschön idyllisch gelegenes Gasthaus aus Holz, nicht weit außerhalb des Dorfes, da, wo die große Wiese am Hang aufhört und der herrlich frische Birkenwald beginnt. Das letzte Stück dorthin läuft man über einen urig holprigen Feldweg, an dessen Rand die schönsten Wildblumen wachsen. Es ist ein trockener Frühsommertag im Juni und die Sonne lässt den lichten Wald mit der Hütte und dem bunten Blumenhang märchenhaft unwirklich erscheinen, irgendwie passend zum Tag. Fleißige Bienen begleiten ihn und ein ganzes Stück vor ihm laufen schon zwei seiner Mitschüler. Jetzt sind sie angekommen, und auch er kommt der Menge immer näher, so dass er endlich Frauen und Männer unterscheiden kann. Mit jedem Schritt werden seine Knie weicher und seine Hände feuchter, denn langsam erkennt er Einige, ob am Gesicht, an der Haltung oder sogar am Lachen.

Andere wohnen noch immer in der Gegend, so hatte er auch hin und wieder zufällig Kontakt mit ihnen. Bei der Meute angekommen wurde er erstmal herzlich begrüßt, umarmt und auf die Schultern geklopft und bestaunt. Denn einige haben sich im Laufe der Jahre ziemlich gehen lassen, bekamen Bierbäuche und Schwimmringe. ‚Sind ja schließlich verheiratet und müssen nicht mehr suchen.!'

Er hat schon immer auf sich geachtet, denn, was ist ein Sportlehrer mit Bierbauch für ein Vorbild!

Er sah sich um, doch so sehr er auch suchte, sie war nicht da! Enttäuscht sah er ihre Freundin, der seine Blicke natürlich nicht entgangen waren. Außerdem zählte sie inzwischen eins und eins zusammen und deutete ihm per Zeichensprache, dass sie noch käme. Erleichtert kehrte sein charmantes Lächeln in sein Gesicht zurück, was ihn nur noch attraktiver machte.

Es wurde Zeit, sich in der gemütlichen Hütte, in der es schon sehr appetitlich duftete, einen Platz zu suchen.

Die lange Tafel aus massiven selbstgebauten Holztischen und dazu passend eine durchgehende Holzbank standen entlang der Fensterreihe, gegenüber viele verschiedene Stühle im gleichen Stil. Außergewöhnlich, so, wie der ganze Tag – und hoffentlich auch Abend.

Er ergatterte einen Platz am Fenster, von da aus konnte er den Feldweg sehen. Als endlich alle saßen, war nur noch ein Stuhl frei. Ausgerechnet ihm gegenüber! Zufall? Daneben hatte sich die Freundin platziert und hielt eben diesen Stuhl reserviert. Er sah sie fragend an, sie zwinkerte einäugig zurück. Er war also längst durchschaut. ‚War das so offensichtlich?' fragte er sich und errötete und flüsterte ihr ein ‚Danke' zu.

Die Freundin zeigte auf's Fenster und – da kam sie. Endlich. Je deutlicher ihre Gestalt wurde, umso schneller schlug sein Herz. Er hatte das Gefühl, jeder könne es hören!

Während die anderen schon bestellten und sich in ihre Lebensgeschichten, Krankheiten und sonstige Katastrophen vertieften, bekam er gar nichts mit und seine Augen nicht vom Fenster.

Seltsam war nur, dass ihn alle in Ruhe ließen. Wussten sie davon? Sie grinsten nur vor sich hin und verhielten sich ansonsten „ganz normal".

Seine Blicke klebten an ihr, die sich gemütlich schlendernd, immer wieder mal nach links, mal nach rechts die Nase in die bunten Feldblumen tauchend, langsam näherte. Er genoss es, sie zu beobachten und sog regelrecht ihre anmutige Erscheinung in sich auf. Er wollte dieses unglaublich schöne Bild von ihr nie wieder vergessen.

Da war eine schlanke mittelgroße Frau im interessantesten Alter, die langen hellbraunen Locken lose nach hinten gesteckt schauten keck unter dem Strohhut hervor. Der laue Wind spielte sanft mit dem langen dschungelgrünen Kleid aus leichter Baumwolle, und manchmal blitzten ihre wohlgeformten Beine zwischen den Seitenschlitzen heraus.

Selbst die flachen Sandalen wirkten an ihr elegant. Schmuck brauchte sie nicht, noch nie hatte sie Wert darauf gelegt. Sie meinte, es sei Verschwendung, besonders, wenn man an die Armut und die Hungerbäuche und die vielen Krankheiten überall auf der Welt denkt. Aus dieser Einstellung entwickelte sich auch ihr beruflicher Werdegang.

Nur ein kleines ledernes Brusttäschchen trug sie um den Hals. Da war alles drin, was sie brauchte.

Fast angekommen erkannte er ihren feingebräunten Teint und ihren typisch neugierigen und dennoch verträumten Gesichtsausdruck. Er war wie benebelt bis – ja bis er einen leichten Tritt vor's Schienbein verspürte. Erschrocken schaute er die Freundin an, die schon eine Zeit lang versucht hatte, ihn aufzuwecken. Mit einem deutlichen Kopfnicken Richtung Tür „befahl" sie ihm quasi, ihr endlich entgegen zu gehen.

‚Ja natürlich', wie ertappt sprang er auf und verschwand vor der Tür.

Unterdessen wurde drin getuschelt und gekichert, denn alle waren eingeweiht und spielten mit.

Nun stand er also draußen, die Knie zitterten, die Hände noch mehr, sein Puls pochte an den grauen Schläfen, kurz vorm kollabieren. Wie gelähmt, mit leuchtend grünen Augen erwartete er regungslos sein „Traummädchen". Wie würde sie reagieren? Hoffte er umsonst? Zweifel und viele Fragen verunsicherten ihn, aber ein Zurück gab es nicht.

Die Eingangstür war vom Weg aus nicht zu sehen. Und plötzlich stand sie da, erschrocken, denn sie hatte nicht damit gerechnet. Ihre kornblumenblauen Augen glänzten vor Freude. Ohne Worte aber voller Anspannung gingen sie aufeinander zu. Und als ob sie genau wüssten, wie der andere fühlt, nahmen sie sich wie von Geisterhand geführt, in die Arme, so, wie es sich beide schon vor so vielen Jahren gewünscht – und doch nicht getraut – hatten.

Mit Freudentränen und vibrierender Stimme raunte er ihr durch die wilden Locken ‚ich lass dich nie wieder los' ins Ohr. Auch ihr rannen die Tränen über ihre heißen Wangen während sie nur strahlend nicken konnte. ‚Was hatten wir nur alles verpasst!' Sie vergaßen die Zeit, und am liebsten wären sie gleich gegangen.

Doch jetzt schob die Freundin vorsichtig den Kopf durch die Tür. Sie sah die beiden verlorenen Kinder eng umschlungen und musste sich nun selbst die Tränen verkneifen.

Vorsichtig sprach sie das Paar an. „Ab sofort habt ihr zwei alle Zeit der Welt, denn ihr wusstet voneinander nicht, dass sich jeder von euch bei mir über den anderen erkundigt hat. Und was, als das, was eben gerade passiert ist, sollte wohl heute anderes geschehen?! Außerdem wissen alle Bescheid, die wussten immer Bescheid und bedauerten schon damals, dass ihr euch nicht getraut habt. Wie dumm können intelligente Menschen wie ihr nur sein! Lassen so viel Zeit verstreichen bis sie endlich begreifen und Mut füreinander haben! Ab jetzt gehört die Welt euch, vielleicht könnt ihr nicht nachholen, abe so ein Anfang ist doch das schönste, was es gibt. Genießt es, denn, was so lange währt, kann nur gut gehen. Aber vorher wird gefeiert!"

Damit verschwand sie in der Hütte. Lautes Klatschen drang nach draußen und geleiteten die beiden, Hand in Hand und wieder gefasst, zu der Meute, die freudig beipflichtend johlter Verschämt, leicht verschwitzt und glücklich wie nie schauten sie erst sich an, dann in die Runde und weil sie nicht zu Wort kamen, bedankten sie sich mit ihrem ersten offiziellen Kuss. Beifall und noch lauteres Getöse verhallte hinter der Hütte im Wald.

Es folgten noch viele Küsse, und die beiden konnten es kaum erwarten, nach Hause zu gehen. Schließlich hatten sie schon viel zu viel Zeit verloren.

Nach und nach verabschiedeten sich alle anderen. Sie wollte zuletzt gehen und die herrlich sanfte Nachtatmosphäre genießen.

Langsam und eng umschlungen, schweigend, den Geräuschen der Nacht lauschend, bummelten sie den langen Feldweg entlang bis nach Hause. Voll knisternder Vorfreude schlossen sie erwartungsvoll die Tür hinter sich.

Immer noch wortlos folgte sie ihm an der Hand ins Schlafzimmer. Der Schein der Straßenlaterne erhellte den Raum nur soweit, dass sie jetzt die bestimmt hundert Luftballonherzen, die überall an der Decke hingen, erkennen konnte. Sie mussten lachen, fühlten sich wie fünfzehn, das erste Mal.

Sie wollten sich, jetzt, und zogen sich gegenseitig aus. Nackt. Fasziniert konnten sie kaum glauben, was sie da sahen, denn es übertraf noch ihre Erwartungen. Unglaublich zärtlich ertastete er jeden Zentimeter ihres straffen wunderschönen jugendlichen Körpers bevor er sie, ganz vorsichtig, als würde sie sonst zerbrechen, auf sein Bett legte. Auch sie streichelte ungläubig seinen athletischen Körper bis sie sich nicht mehr beherrschen konnten und auch wollten. Sie wurden eins, vollkommen, und gaben ihrer Erregung freien Lauf, lüsternes Stöhnen durchdrang den Raum, als er sie langsam schiebend beinahe bis zur Ekstase brachte, bis sie gemeinsam den Gipfel der Begierde erreichten. Unendlich glücklich und alle Erwartungen übertroffen, vermischten sich ihre Tränen, und sie konnten kaum voneinander lassen. Doch das war erst der Beginn ihrer gemeinsamen Zukunft, von der sie noch bis zum Morgengrauen sponnen, bevor sie, ihre Körper ganz dicht aneinandergepresst, einschliefen und voneinander träumten. Nie wieder würden sie jemals wieder ohne den anderen aufwachen wollen. Nie wieder.

Erfüllung

Es ist so schön, bei dir zu sein,
so schön, mit dir allein zu sein.
Zu lieben,
zu schieben
dich
in mich,
von hinten, von vorne
welche Wonne!
Zwischen meinen Schenkeln und meinen Lippen
will ich deinen Liebessaft nippen.
Schwitzen, stöhnen, krallen, ächzen,
unsere Körper nach mehr und mehr lächzen.
Du bist so wunderbar,
ich denk nicht mehr klar.
Deine Hände, die mich berühr`n,
deine Augen, die verführ`n,
ich kann nicht widersteh`n,
ich muss zu dir gehen.
Nimm meine Brüste, küss sie und beiß,
du machst mich benommen, mir wird so sehr heiß.
Ganz zart liebkost du meine Lenden,
leckst das Salz von meiner Haut,
willst das Spiel mit meinen Händen,
hast dich mir gänzlich anvertraut.
Bald stößt du fester, tiefer, schneller,
vor Glück fangen wir bald an zu schrei`n,
unsere Stimmen werden greller,
welcher Augenblick kann schöner sein!
Nur langsam, langsam kommen wir wieder
von ganz weit weg zu uns zurück,
zuckend entspannen sich unsere Glieder,
komm zu mir, ganz nah, noch ein Stück.

Wir wollen uns halten so sanft so lang,
aus Vorfreude auf bald hör ich Glockenklang.
Wir müssen nun geh`n, nur für kurze Zeit,
das Verlangen ist stärker, wir sind für die Liebe bereit.

Na, Appetit bekommen?

Ziel erreicht!